La France et le fascisme

Serge ULESKI

Du même auteur

- Ursula ULESKI : matière et reflets
- Je me souviens
- Confessions d'un ventriloque
- Serge ULESKI en blogosphère - 2010
- Cinq ans, cinq nuits
- La consolation
- Les brèves de Serge ULESKI
- Paroles d'hommes
- Serge ULESKI littérature - morceaux choisis
- Pièce à conviction
- Des apôtres, des anges et des démons
- Serge ULESKI en blogosphère - 2011
- Transit (théâtre)
- Cinéma… de salle en salle de film en film
- Serge ULESKI en blogosphère – 2012
- De l'art, de la littérature et autres considérations

Le monde est plié en deux. Plus qu'une promesse : précarité et abrutissement. Aussi, quiconque, aujourd'hui, n'est pas en colère est soit un escroc, soit un imbécile, soit un salaud.

Qui alors dénoncera la tromperie incommensurable dont nous sommes les victimes ?

A compter d'aujourd'hui, tout ce qui peut être dit doit être à nouveau dit, tout ce qui peut être écrit doit être à nouveau écrit !

La tâche est immense !

Qu'en est-il d'une France que l'on dit "fille aînée du fascisme".

Cet opuscule d'une quarantaine de pages se propose de répondre à cette question et d'en proposer d'autres à la réflexion du lecteur car, ce qui doit nous intéresser n'est pas tant de savoir si la France est ou pas la « fille aînée du fascisme » mais bien pourquoi certains historiens et politologues ont manifestement besoin de le penser à l'heure où aucune définition du fascisme ne semble possible, tout en tenant compte du fait que jamais en France il n'a existé un Etat fasciste, et qui plus est… librement consenti.

Il semblerait que d'aucuns désignent encore le danger fasciste à l'extrême droite tout en apportant une définition totalement obsolète de ce fascisme -

pour rappel : un marxisme dévoyé et une conception ethnoculturelle de la nation -, comme pour mieux faire diversion et continuer de nous dissimuler un autre fascisme, taillé sur mesure pour demain celui-là, et dans le marbre, jour après jour, nation après nation, culture après culture… à savoir : le fascisme d'une mondialisation contrôlée par les multinationales et la pègre qui n'est, dans les faits, qu'une nouvelle guerre contre les salaires, les droits sociaux et la démocratie ; un fascisme loi d'airain du fric et du pilonnage permanent des humbles et des relégués au nom d'une justice sociale emballée dans les cartons d'une science économique sans visage, sans morale et sans honneur ; loi qui ordonne la fin des toutes les controverses et de tous les débats.

1

Paru en 1983, *Ni droite ni gauche. L'idéologie fasciste en France,* de l'historien israélien Zeev Sternhell - ouvrage qui prétend cerner de toutes parts et au plus près le fascisme à la sauce gauloise - est repris, cette année, en collection de poche ; et comme un malheur n'arrive jamais seul… avec une nouvelle préface de l'auteur de 150 pages, histoire sans doute d'enfoncer le clou bien profond, jusqu'à la tête ; d'aucuns auraient dit « jusqu'à la garde » ou bien encore… « jusqu'à l'os », genre : bien dans le cul !

***

Non contente d'être la fille aînée de l'Eglise,
à en croire l'historien Sternhell qui fait l'unanimité
chez ceux qui pensent comme lui, Miss France
serait aussi et surtout la fille, ou la mère, ou bien
encore la fille-mère du fascisme, rien moins…
alors qu'il suffit de lire, entre autres, Marc
Angenot, historien québécois des idées, pour
réaliser que cette affirmation - parler de « thèse » à
propos de cette idée d'une France « fille aînée du
fascisme » serait leur faire à tous un bien trop
grand honneur -, est bien loin de faire
l'unanimité… et pas seulement chez les ignorants :
chez des historiens bien plus nombreux encore.

Pour s'en convaincre, il suffit de se reporter à
l'ouvrage de Marc Angenot : « L'immunité de la
France envers le fascisme: un demi-siècle de
polémiques historiennes. »

On trouvera aussi d'autres auteurs pour qualifier
cette histoire d'une France « fille-mère du
fascisme », de malhonnêteté intellectuelle digne du
plus parfait procès d'intention diffamatoire à la
racine duquel on trouvera très certainement des
motivations aussi inavouables que peu
respectables.

Mais… ne précipitons pas les choses : patience, on y reviendra.

De plus, on aura sans peine remarqué qu'aucun historien ou politologue ne s'entend avec ses confrères sur la définition même du fascisme ; ce qui complique savamment l'affaire car, la France serait alors la fille d'un fascisme indéfinissable, et comme on le verra plutôt tard, d'un fascisme introuvable (**1**) ; Arendt qui n'avait peur de rien, allant jusqu'à se demander si le régime de Mussolini était bien fasciste et pas simplement autoritaire.

Retrouvons à nouveau Marc Angenot : « Je me propose dans cette étude qui est un chapitre d'un livre en préparation, *«Fascisme : essai de sémantique polémique »*, de reconstituer une controverse savante de longue durée et de l'interpréter dans son contexte historique tout en en dégageant la logique interne. Cette polémique franco-française et internationale de plus d'un demi-siècle qui ne semble pas intégralement épuisée aujourd'hui (même si «tout est dit»), porte sur l'existence en France au 20e siècle de quoi que ce soit, – doctrines, programmes, mouvements, événements, régime – que l'on puisse rapporter au fascisme. »

Pour peu qu'on lui fiche la paix et qu'on laisse les historiens travailler en toute liberté, l'histoire de l'Histoire, c'est précisément sa remise en cause permanente… même si, en fin de journée, l'Histoire c'est surtout celle dont on se souvient… laquelle n'est que celle qu'on nous demandera de retenir. Et de qui et de quoi se souvient-on ? De ceux auxquels on nous demande d'accorder une confiance aveugle (les historiens affiliés et agréés et leurs relais médiatiques), le temps de changer de focal : un jour telle école, un autre jour telle autre, c'est selon… les modes, les humeurs et les rapports de forces en présence car, ne nous y fions pas, l'Histoire, c'est une lutte pour le pouvoir ; et c'est aussi la guerre.

En attendant, grande est la tentation de nous reprocher de ne pas lire leurs ouvrages à tous ces historiens en campagne contre une Miss France porteuse de tous les maux !

Mais enfin… qui parmi ceux qui s'intéressent **au temps qui est et qui vient**, peut bien souhaiter lire un ouvrage qui a pour titre : " *Ni droite ni gauche. L'idéologie fasciste en France*" ? Ce qui situe le fascisme à l'extrême droite ; et par voie de conséquence, tant que l'extrême droite n'est pas au pouvoir, rien à craindre ! Ce qui sous-entend que… pour prendre le pouls du fascisme en France, il suffit de surveiller les scores du FN.

Quand on sait ce qui reste de la gauche de gouvernement et du vote de gauche - pour ne rien dire de ce qu'on nous propose dans 5 ans : Hollande contre Copé ou Ayrault… -, situer les dangers d'un fascisme à venir à l'extrême droite c'est avoir, au minimum, une bonne vingtaine d'années de retard dans l'analyse, tout comme ceux qui lisent ses historiens attardés ou retardataires et qui, non contents de les avoir lu, viennent nous expliquer finalement à quel point eux aussi l'ignorent !

Mais alors, n'est-ce pas terrible d'écrire et de lire au passé ?

Et puis, qu'est-ce que c'est que cette France fasciste dont on nous rebat les oreilles qui n'a jamais connu de régime fasciste et de leader dignes de ce nom sinon sous la commande d'un vieillard sénile qui n'était certainement pas le fruit d'un marxisme dévoyé (clin d'œil à ceux qui pensent le fascisme comme un dévoiement du Marxisme), deux ans durant - allez ! Trois, si vous voulez ! -, le tout dans une France occupée par une idéologie de mort et d'assassins en série, et en masse, au palmarès de 50 millions de cadavres.

Penser que l'expérience pétainiste de 1940 à 1943 explique quoi que ce soit de la France, c'est faire l'impasse sur une expérience universelle : celle de la défaite d'une nation. Et cette expérience a pour morale : « Malheur à la Nation qui se trouve du côté des vaincus car elle y perdra tout… jusqu'à sa dignité et son honneur ! »

Qu'à cela ne tienne… pour revenir à notre sujet : « Miss France, fille aînée du fascisme »… force est de constater que tout est fait dans les médias dominants - chez les journalistes et autres animateurs de télé passeurs de plats, même à la météo -, pour qu'à aucun moment on ne doute de cette affirmation.

Mais enfin… qui sont ces historiens qui ont absolument besoin de penser que le Fascisme est né en France, sans trembler, droits dans leurs bottes, et qui insistent autant ? Doit-on, peut-on douter de leur bonne volonté et de leur bonne foi à tous ?

Et puis surtout : quelles sont leurs motivations réelles ?

N'en déplaise à la Loi Gayssot, le jeu est ouvert. Grand ouvert ! Car, perspicace et téméraire, sinon tout simplement courageux, c'est bien là qu'il faut aujourd'hui chercher, sans l'ombre d'un doute.

1 – Vraiment, c'est perdre son temps que de tergiverser sans fin au sujet de la définition du fascisme. Mussolini, Hitler et Staline étaient des fascistes ; Mussolini pour une version "fascisme du pauvre", (un fascisme de névrose) ; avec Staline paranoïaque, nul doute, on passe de la névrose à la psychose ; et puis enfin, Hitler : le fascisme à son paroxysme, quasi orgasmique, qui s'appuiera sur une nation (avec l'Autriche) de prix Nobels et de philosophes ; 150 ans de domination intellectuelle de Kant à Heidegger en passant par Nietzsche et son Antéchrist prémonitoire : véritable programme du parti nazi.

Fascisme upper-class et high-tech donc que le nazisme.

2

René Rémond ayant botté en touche dans les années 50, c'est BHL qui tirera la première salve après des années de sommeil d'un sujet aussi embarrassant qu'encombrant, une fois sonné le glas des «Trente glorieuses », et ce n'est certainement pas une coïncidence, celui du Gaullisme par la même occasion – de Gaulle… vous savez celui qui disait toujours non à ce à quoi, avec le recul, de sacrés larrons et enfoirés souhaitaient qu'il dise oui !

Un rien vampire, BHL (dsl, mais pas le temps de l'écrire en entier… c'est trop long !) réveillera le cadavre endormi, ce mort-vivant jamais vraiment ni vivant ni mort : celui d'une France fasciste ; c'était en 1981, juste avant que la gauche ne l'emporte avec Mitterrand (vraiment, il n'a pas de

chance ce BHL !), Pompidou et Giscard l'ayant
précédé, et de Gaulle avant eux.

Fichtre ! Cachez-moi tous ces fascistes que
je ne saurais voir, et ce sous aucun prétexte !

Ouvrage bâclé que celui de BHL ; ouvrage qui
n'est qu'un copié/collé de tout ce qui s'est écrit sur
le sujet depuis l'affaire Dreyfus. Ouvrage qui,
néanmoins, eut en son temps un certain impact,
voire un impact certain car depuis, nombreux sont
ceux qui en ont fait leur livre de chevet. Oui !
Certains d'entre eux ne lisent plus que ça ! Ils se le
récitent par cœur, en groupe et en boucle. Pour ces
derniers, le soleil se lève et se couche avec
« L'idéologie française » - titre de l'ouvrage en
question.

Quelles étaient alors les motivations de BHL ?
Nous faire tous rentrer dans notre niche, chiens
que nous sommes, la honte au ventre : affaire
Dreyfus (pour peu qu'elle ait quoi que ce soit à
voir avec le fascisme) ainsi que Vichy et la
collaboration ? Nous faire baisser les yeux aussi,
enchaînés et moralement muselés, le bec cloué ?
Car des populations qui ne pipent mot, c'est bien
utile, n'est-ce pas !

Allez savoir !

N'empêche… en 1983, c'est au tour de l'historien israélien Zeev Sternhell, paré de toutes les palmes académiques internationales, contrairement au dandy jeanfoutre de BHL, d'agiter les chaînes du fantôme d'une "France fille aînée du fascisme" et d'en remettre une couche, et d'autres encore après lui pour s'en faire l'écho jusqu'à en devenir sourd.

Disons les choses ! Aujourd'hui le constat suivant s'impose : après 30 années de bourrage de crâne force est de constater ce qui suit : tous les partisans de l'hypothèse d'une "France fille aînée du fascisme" ont en commun le fait d'être proche d'un Etat à la politique aussi controversée que détestée : Israël. Ou, pour le dire autrement : seuls ceux qui ont un grand, un très grand souci d'un Etat que l'on qualifiera de « voyou » et qui n'a aujourd'hui plus rien à envier à l'Afrique du Sud du temps de l'apartheid, partagent ce qui ressemble plus à un verdict qu'à une thèse : la France est bel et bien la fille aînée d'un fascisme passé, présent et à venir.

Certes, ils ne sont pas les seuls ! On contera parmi leurs supporters quelques imbéciles, quelques flagorneurs impénitents (on se range du côté de ceux qui cognent, c'est toujours utile !) et puis aussi, quelques égarés à la conscience dressée et lourde : repentance, haine de soi et lâcheté.

Et c'est alors que la brebis se laisse dévorer par les loups au grand bonheur des prévaricateurs.

Là, vraiment, à ce stade, obligation nous est faite de saisir la balle au bond pour mieux la retourner à l'envoyeur tout en éclatant de rire, car enfin, s'il n'est pas permis de rire avec tout le monde, il n'est certes pas non plus permis à tout le monde de lancer une telle accusation contre la France et son Peuple quand on sait d'où parle Zeev Sternhell… *l'historien de l'enfer.*

Et si le fascisme situé à l'extrême droite a longtemps été l'association d'un marxisme dévoyé et d'une conception ethnoculturelle de la nation, que l'on nous explique alors comment nommer ce qui prend ses racines dans un ethnicisme intransigeant, sans partage ni accommodement, et un marxisme dévoyé : le kibboutz con-fraternel - socialiste et associatif -, ayant été remplacé par un *"Peuple élu et terre promise"* dévastateur.

Jugez plutôt : *"Allez ! Pousse-toi de là que je m'y mette, espèce de cafard !"*

Là-bas : vol de la terre, assassinats, meurtres, bombardements civils, occupation, humiliation.

Ici : bannissement, chantage professionnel, chantage à l'anti-sémitisme, racket sous la forme de procès sans nombre contre quiconque ose dénoncer la connivence au plus haut sommet de l'Etat français avec cette politique : journalistes, artistes, producteurs radio et télé, universitaires et blogueurs...

Car... inutile de préciser que dans ce contexte, ici comme là-bas, il n'y aura évidemment pas de pardon ni de compassion envers quiconque ne possède pas les bons attributs ethnique et religieux comme autant de garanties qui permettent de rester en vie, le plus souvent - et trop souvent-, au prix de la vie de tous les autres.

Et c'est bien là toute notre civilisation humaniste qui s'effondre. Et c'est alors que l'arroseur arrosé secoue ses plumes ; le voilà qui s'ébroue maintenant.

Dis, Elisabeth Levy, pourquoi tu tousses ?

Mais alors qu'en est-il de ce fameux fascisme (**2**) que se disputent des historiens qui, manifestement pour certains d'entre eux, n'aiment rien tant que le passé, bien passé, voire trépassé ; et en priorité, le passé des autres (la première moitié du XXe siècle), tant qu'à faire, et de préférence, sans doute par déontologie et dans le souci d'une meilleure approche… approche neutre car dépassionnée ? En effet, soit ils n'étaient pas encore de ce monde, soit ils étaient encore dans leur couche culotte.

Le passé donc… celui des autres… sans doute dans la crainte inconsciente de se retrouver nez à nez avec soi-même ; et pour ne pas courir le risque d'un miroir qui refuserait de mentir plus longtemps… en deux temps et trois mouvements, on délocalise le sujet de son étude ! Car ce fascisme à sa porte, dans des territoires volés et occupés, plus près encore… sur son palier, jusque dans sa demeure, et qui sait ? jusque dans son lit, ce fascisme quelque part en soi, on le sent bien, on soupçonne quand même un peu sa présence les jours de grande, de très grande lucidité mais… tout ça c'est tellement confus ! Allez ! Allez ! On se reprend ; d'un grand coup de pied au cul, on expulse le sujet de ses recherches hors de sa propre histoire et de son territoire, soulagé de s'être moralement et intellectuellement désencombré : « *Ca n'a jamais existé… cette gêne ! Et jamais je n'ai douté un seul instant !*»

Et c'est alors que le fascisme… oh pardon ! Je voulais dire… et c'est alors que notre érudit savantissime prend son envol, en première classe - s'il vous plaît ! -, traverse qui la Méditerranée, qui l'Atlantique. A l'aéroport, la famille est là et les supporters aussi ; mille photographes, mille journalistes ! Télés, radios ! Ils sont venus, ils sont tous là ! Personne ne manque à l'appel pour le fêter et recueillir auprès de son excellence ses nombreuses réflexions, toutes plus pertinentes les unes que les autres : « Ô grand vizir ! Ô prophète ! Chef ! Conte-nous notre propre histoire et dis-nous à quel point nous sommes abjectes !

Empresse-toi de nous dire tout ce qu'il nous reste à accomplir afin d'être dignes de ta considération ! »

Mais alors… le sujet d'étude « la France et le fascisme » ne serait qu'un immense lapsus ô combien révélateur de tout ce que des êtres humains ont l'obligation de se cacher à eux-mêmes ? On étudierait « La France et le fascisme » dans l'espoir d'arriver à plus d'ignorance de soi, toujours plus ? On ferait de la sorte l'économie d'un examen de conscience qui laisserait cette même conscience en miette, du moins pour les moins cyniques et les moins aliénés d'entre eux ?

L'étude de la merde des autres, même fictive ou plus qu'hypothétique, lave-elle de sa propre merde, bien réelle et bien actuelle celle-là ? Oui ? Non ?

Mais qu'en est-il maintenant de cette double couche : la merde de cette France « fille aînée du fascisme" et la leur à tous… ne faisant alors plus qu'une ? Couche d'une épaisseur qui tiendra en échec toute tentative d'exonération.

La question est posée. Que d'autres poursuivent sa course… réponse après réponse…

2 – Et alors que nos historiens et politologues en sont encore à se demander si tel ou tel régime était fasciste, voici deux nouveaux apports que l'on soumettra à leur perspicacité et expertise : l'islamo-fascisme et le judéo-fascisme dont on vient d'entrevoir un débouché.

Pour revenir à Sternhell, quand on sait d'où il vient et ce qui s'y passe… pourquoi n'y a-t-il personne pour lui suggérer de s'occuper de ce Judéo-fascisme bien réel celui-là, et bien contemporain, qui sévit à sa porte !

Vraiment ! Suggérons à cet historien voyageur de passer la frontière de son pays, frontière légale et reconnue par l'ONU, celle de 1967, et prions-lui de se rendre dans les colonies de Cisjordanie là où tout loisir lui sera donné d'étudier en long et en large ce fascisme trop qui vaut largement celui d'une Europe d'avant guerre. Un Judéo-fascisme qui n'est que le bras armé d'une stratégie expansionniste d'un Etat… au détriment de la vie de centaines de milliers d'être humains… palestiniens de leur Etat, même s'ils en sont privés.

Et si vraiment une telle démarche auprès de cet historien tête en l'air est impossible, on pourra quand même prendre son courage à deux mains et demander à notre historien à l'histoire sélective, la raison pour laquelle il s'intéresse tant à la France, tant au fascisme, et tant à l'idée que la France serait la fille aînée de ce fascisme… fascisme obsolète dans sa définition car situé à l'extrême droite ; fascisme d'avant guerre aujourd'hui bien commode car il permet d'ignorer un autre fascisme dont il sera question dans la troisième partie de notre exposé : le fascisme d'un marché mondialisé triomphant qui aura tout emporté : Etats, démocratie, nations, peuples, liberté, indépendance ; des milliards d'êtres humains livrés à la logique d'un monde économique, un monde sans morale et sans esprit autre que mercantile et qui, à terme, n'habiteront plus aucun monde.

3

L'Histoire, elle, poursuit sa route mémère et pépère, paravent et cache misère d'une défection sans précédent car, moins on est dans l'action, moins on tient les commandes – moins on fait de politique -, plus on fait de l'Histoire, là où, penché sur leurs ouvrages, tout le monde baisse la tête, aveugle pour l'occasion :

« *Regardez, là, maintenant, le train de l'histoire qui file à toute allure !......... Ah ! Trop tard, vous l'avez ratée !* »

A moins de voir en tous ceux qui ont pensé, orchestré le nouvel ordre mondial qui étend progressivement mais sûrement sa toile depuis les années 80, pays après pays, région après région, des Etats-Unis et de l'Angleterre, là d'où il est parti, à l' Europe, à l'Amérique du Sud, au Moyen-Orient et à une partie de l'Asie, des marxistes dévoyés ou repentis (ils auraient mal lu Marx ou l'auraient rejeté après l'avoir adoré) et alors que la rage du retour maximal sur investissement n'a ni odeur ni couleur de peau ni nationalité... qu'en est-il du fascisme aujourd'hui, là et maintenant ?

Il faut prendre le fascisme tel qu'il a été vécu dans les esprits et dans les chairs pour n'en garder que le squelette après l'avoir dépecé de ses expériences successives dont on laissera l'analyse du pourquoi et du comment aux historiens qui ne nous seront d'aucune utilité pour l'heure ; squelette de fondamentaux, articulations principales à partir desquelles il nous faut lui trouver une nouvelle chair, et par voie de conséquence, un nouveau visage... au risque d'en étonner plus d'un et d'en décevoir d'autres car, n'en doutez pas un seul instant, la silhouette de ce fascisme et son maintien seront plus proches de l'image d'un mannequin de chez Armani ou de chez Hugo Boss au volant d'un Ferrari ou d'une Porsche (tiens ! l'Italie et l'Allemagne, encore !), à l'ombre des palmiers d'un paradis fiscal (ça, c'est peut-être plus récent !) que d'un individu chaussant des bottes noires et hautes, en bras de chemise, noire elle aussi, casquette, brassard, le bras érectile, tendu vers un Dutché libérateur à la fois fin et moyen, reconnaissable entre tous.

Si cela peut en rassurer plus d'un… dans notre démonstration à venir, on conservera soigneusement l'image de ce Dutché, même si, nécessité faisant loin, on prendra la liberté de lui attribuer de multiples visages ; le visage de tous ses hommes de paille, et parfois, si par malheur on les rencontre, de tous ses hommes de mains.

Un détail… trois fois rien : il faut savoir qu'un nombre non négligeable des hommes de paille de notre Dutché ne savent pas qu'ils le sont. Orgueilleux ou carrément hallucinés, ils ont la faiblesse de penser qu'ils sont la flamme alors qu'il ne soit que suif, et la mèche… pas davantage.

Du chômeur en fin de droit qui viendra s'immoler à l'entrée du Pôle emploi de sa commune, en passant par le palais de l'Elysée habité par des nains de la politique et des manchots de l'existence, sur tous les continents, et en particulier là où sévissent des assassinats soigneusement ciblés et là où des régimes vacillent ou sont déstabilisés volontairement parce qu'ils n'ont pas voulu se soumettre… aux sommets du type « Davos » pour amuser la galerie et les médias… le tout au nom d'une guerre jamais déclarée et qui bon an mal an continue son petit bonhomme de chemin - aujourd'hui le Moyen-Orient jusqu'à son dernier baril de pétrole ; demain… très certainement la Chine -, jusqu'au prochain rendez-vous présidentielle pour une finale des plus minables - Hollande/Ayrault -, mais tellement à la hauteur de l'enjeu, le seul qui vaille :

« Circulez ! Y a rien à voir ni à espérer !». Et ça tombe plutôt bien, l'un obéit déjà au doigt et à l'œil à cette injonction, l'autre en fera de même vous pouvez en être assurés ; dans le cas contraire, au moindre doute et faux pas, il sera exclu de la compétition, sans oublier ce FN les nouveaux ploucs et autres gogos de l'épouvantail fasciste… diversion savante d'un autre fascisme… celui d'un monde contrôlé par les multinationales et la pègre ; dans ce monde-là, les gouvernements de nos Etats sont au pouvoir ce que la liberté est à la contrainte et la torture à la confession. Dans cet univers, un être humain n'est qu'une merde sans nom car, si vous tentez de dénoncer ce duo infernal, vous mourez ! On n'hésite pas un seul instant : on vous tue ! A côté de ces gens-là, nos tueurs en série qui occupent la une de nos journaux adeptes de la diversion, ne sont que de pathétiques gesticulateurs ! Car aujourd'hui, il n'est plus question de rentabilité... mais de la recherche effrénée du profit maximal ; et cette recherche-là, c'est la recherche du seuil de rupture des modes de production et de fonctionnement musculaires et psychiques de l'espèce humaine salariée, véritable effondrement de notre civilisation humaniste. Le fameux point-mort, c'est bien ça ! Et seuls les donneurs d'ordres sont aux commandes. Plus intolérants, plus misanthropes qu'eux, vous ne trouverez pas. Ils sont prêts à tout pour survivre, bien que ce système les condamne tous à se sacrifier quand le moment sera venu pour eux de se retirer parce qu'un plus performant qu'eux les aura balayés. Leurs successeurs pourront toujours se réjouir, et ceux à qui ils distribuent des miettes, avec eux, insoucieux qu'ils sont, les pauvres bougres, du sort qui les attend.

Bientôt, il n'aura plus de nom ce système. On ne sait déjà plus comment le nommer. Il n'a déjà plus de visage ! Lorsque le sacrifice de tous contre tous sera partagé par tous, en kamikazes d'une défaite universelle, ce système sera sans morale et sans honneur, car sous le couvert de l'anonymat, tout lui sera permis : absolument tout !

Alors, aujourd'hui, qu'est-ce qui nous reste à célébrer ? Sûrement pas la vie ! La fin, nous sommes ! La fin et les moyens... et rien d'autre dans ce monde-là. Plus rien devant nous, plus rien derrière. Plus rien ne nous précède. Plus rien ne nous dépasse ! Aussi, il ne nous reste plus qu'à nous consommer avant de nous dévorer, jour après jour, anthropophages et cannibales. Car déjà, quelque part au fond de nous-mêmes, nous savons tous que nous sommes tous... déjà morts au regard d'un marché mondialisé triomphant qui aura tout emporté : Etats, démocratie, nations, peuples, liberté, indépendance ; des milliards d'êtres humains livrés à la logique d'un monde économique, un monde sans morale et sans esprit autre que mercantile et qui, à terme, n'habiteront plus aucun monde.

Et ce fascisme-là, aujourd'hui implanté sur tous les continents, semble totalement ignoré pour ce qu'il est, sous prétexte que fascisme-là n'a pas encore creusé au grand jour ses fausses communes, bâti ses camps, et désigné à notre commisération et à notre compassion éternellement et universellement étendues, son Peuple martyr et exemplaire entre tous les autres peuples - désignation qui annulera sans le racheter pour autant, même à crédit le martyr de tous les autres -, comme si seules l'architecture et la technique seules déterminaient la présence ou l'absence d'une pensée et d'une organisation de l'existence arbitraire, liberticide et criminelle.

Qu'il soit ici rappelé qu'il n'y a pas de présent famélique ; il n'y a que des consciences qui s'en sont retirées après s'en être absentées trop longtemps. Sans oublier ceux qui ont l'ouïe lointaine : imaginez-vous ça ! Ils n'entendent que de très loin ; aussi, et comme un fait exprès, plus le bruit est proche, plus faible est la perception ; et c'est bien commode car, de loin, on n'entend jamais que la musique que l'on veut bien ; de près, difficile de prendre une java pour un flamenco et de compter sur le plus grand nombre pour partager avec vous cette méprise.

Là, maintenant, on pensera à cette anecdote : Je me souviens que le triomphe de la Novlangue d'Orwell fut un événement qui passa totalement inaperçu ; et en premier lieu auprès de ceux qui n'avaient pas cessé d'en dénoncer son utilisation insidieuse ; en effet, ces derniers avaient commencé à leur insu, d'en faire usage il y a bien longtemps déjà.

Alors… un fascisme en association avec un marxisme dévoyé et une conception ethnoculturelle de la nation vous intéresse encore ? Combien de pages allez-vous noircir pour les beaux yeux fantasmés de son cadavre ?

Si ceux qui ignorent l'Histoire sont condamnés à la revivre – même si cette dernière a bien plus d'un tour dans son sac -, de même sommes-nous autorisés à affirmer que ceux qui ne réfléchissent qu'au passé courent le risque d'oublier le présent.

En effet, on n'a jamais autant trucidé d'êtres humains depuis que l'Histoire occupe les salles de conférences, les amphis, les bibliothèques, les médias et nos consciences maintenant saturées d'un passé qui a pour seul enseignement : son propre passé, laissant le présent et l'avenir sur le bas-côté. Là encore, rien d'étonnant à cela : les entreprises de domination et destruction ne se décident pas en Sorbonne.

Aussi, il est grand temps de préférer le devin-prophète au littérateur-historien : une lecture du présent dans lequel on pourra y lire tous les dangers de l'avenir aux commentateurs-témoins-ressasseurs d'un passé miroir de sa propre image, impasse et cul-de-sac, tout à la fois.

Oui, le fascisme, c'est ici et maintenant ! Un fascisme loi d'airain du fric et du pilonnage permanent des humbles et des relégués au nom d'une justice sociale emballée dans les cartons d'une science économique sans visage, sans morale et sans honneur, et qui ordonne la fin des toutes les controverses et de tous les débats, avant d'exiger la résignation et la soumission à une idéologie qui nous conduira inévitablement à l'asphyxie ; une idéologie de mort.

Aujourd'hui, seule l'économie a voix au chapitre ; cette économie et ses alliés que sont la science et la technique, monopolisent tous les savoirs pour mieux étouffer tous les principes. Souvenez-vous !

Des entreprises ont confisqué notre environnement. Résultat : notre environnement est à l'agonie. Ces mêmes entreprises s'intéressent à notre identité génétique, on peut légitimement être inquiets. N'en doutons pas un seul instant : ils feront de notre identité génétique ce qu'ils ont fait de notre environnement. La santé, la sécurité, le droit à la vie… tout y passera ! Et nous devrons tous nous soumettre à cette relation marchande souverainement barbare, inculte et cynique. Les chantres de cette relation n'ont qu'un seul maître : Al Capone ! C'est lui, le maître à penser cette relation… et à pourrir tout ce qui ne l'a pas encore été. Oui, c'est bien lui Al Capone, racaille marchande et illettrée, qui contrôlera ce nouveau siècle.

Et pour nous donner des nouvelles de ce monde-là, devinez quoi ? Des médias passifs, des médias-relais, simples pourvoyeurs de sons et d'images qui n'expliquent rien : une couverture médiatico-journalistique sans nom et sans visage ; une information tête en l'air qui n'est qu'un perpétuel mensonge par omission ; ou bien, une information démagogique et cynique de boutiquiers (3) - "*Pourquoi donner aux téléspectateurs ce qu'ils ne nous demandent pas !*"-, à l'heure où… comme un fait exprès… la régression sociale et démocratique ne s'est jamais aussi bien portée ; régression des conditions de travail et des protections ; mise en concurrence de tous les salariés de tous les pays ;

chômage, augmentation de la pauvreté, augmentation des cartels et des multinationales ; véritables Empires de la corruption, de la collusion, des mafias, des guerres et de la part du commerce illicite dans l'économie mondiale.

Aujourd'hui encore, parmi les hommes de bonne volonté et de bonne foi, nombreux sont ceux qui ne parviennent toujours pas à se représenter ce fascisme-là. Leur fascisme à eux, c'est celui qui a déjà eu lieu. Rappelons-le une dernière fois : il a pour racines un marxisme dévoyé et une conception ethnoculturelle de la nation. Leur fascisme, c'est le bruit des bottes qui se font entendre et les chants qui vont avec ; ce sont les chemises noires et les bras levés, déroutés qu'ils sont par les costumes Armani des hommes de mains de ce fascisme introuvable à leurs yeux.

Mais alors… Fuck Armani !

Trente années de langue de bois et de "bienpensance" ont ouvert un véritable boulevard à cette autre calamité qu'est le fascisme langagier après le fascisme économique.

Le fascisme langagier… consiste à exposer un individu à un vocabulaire - *souvent positif pour intimider et dissuader toute critique* - qui n'admet aucune ambivalence, aucun "oui mais".

Le fascisme langagier et sa dictature, c'est donc le choix d'un vocabulaire contre lequel personne n'osera énoncer de contradictions sans courir le risque d'un verdict-anathème qui équivaut à une mort sociale, médiatique et professionnelle. Aussi, tout individu qui, dans ce contexte, refuse d'adhérer à l'univers conceptuel de ce vocabulaire et de le valider pour mieux l'intérioriser et le reprendre à son compte jusqu'à l'adapter à sa propre personnalité, - l'ajuster à sa taille -, peut se voir qualifié ou bien plutôt disqualifié en tant…

C'est au choix…

   - *Fasciste, populiste, raciste, antisémite, fasciste, complotiste paranoïaque, nationaliste, homophobe, islamophobe, anti-européen, anti-américain...*

Ou plus prosaïquement :

   - *Forte tête, mauvais esprit, trouble-fête, récalcitrant habité par un ressentiment et une aigreur aussi haïssables que coupables.*

La bien-pensance et la langue de bois sont à la fois les causes et les effets de cette dictature du "fascisme langagier" même s'il semblerait que le "fascisme langagier" concerne une langue de bois paroxystique – une langue de bois arrivée à un degré optimal de maturité, à tel point qu'elle est sans conteste et sans rivale -, dans son *application* pratique et ses *implications* dans la pensée comme dans l'action au quotidien.

Aussi paradoxal que cela puisse paraître, dans ce contexte - contexte pervers –, ce sont les individus apriori les plus violents qui sont les plus respectueux de l'altérité (dans les faits, ils se débattent dans un univers unidimensionnel qu'ils savent mensongers), et les individus les plus sereins, les bien-pensants (qui se satisfont de cet univers unidimensionnel), qui s'avéreront les plus intolérants et les plus dangereux pour l'intelligence, la liberté et la justice.

Et s'ils sont si nombreux à peiner à identifier la dictature de ce "fascisme langagier" c'est précisément parce que cette langue de bois paroxystique triomphe partout et qu'elle n'a rien en commun avec une violence explicitement physique ou verbale dans son articulation et son déploiement.

Les terrains de prédilections de cette dictature sont l'économie (l'entreprise), la politique (les élus et les gouvernements) et les médias (animateurs d'une démocratie croupion) : tous la subissent, tous l'entretiennent, tous en seront un jour les victimes, tous contribueront un jour à la ruine d'un de ses acteurs.

Dissuasif, exercé par le fort sur le faible - poids lourd contre poids plume -, c'est la nature même du verdict-anathème (fasciste, antisémite, complotiste paranoïaque, bannissement - pour les verdicts les plus définitifs) qui est prononcé contre quiconque refuse d'adhérer à cette langue de bois paroxystique (car, on ne peut pas faire plus "langue de bois") qui fait de ce langage une dictature de type fasciste.

Trente années de langue de bois et de "bien-pensance" ont ouvert un boulevard à cette dictature. Et si Internet est la cible privilégiée de cette dictature qui attend tous les internautes au tournant... c'est que sur le web, seule une telle éventualité peut encore se produire car, sur les médias de masse, le ménage a été fait il y a longtemps déjà.

Le « fascisme langagier » n'a rien à <u>voir</u> avec le fait d'insulter un tel ou une telle. Dès à présent, il faut comprendre et saisir que la violence dans le langage n'a rien à voir avec le fascisme langagier : si je dis à un tel " Vous êtes un c.. !" Ca n'a rien de fasciste car celui-ci pourra toujours me répondre… "Vous aussi !" ou bien : "Je suis peut être un c... mais...." ou bien encore : il se peut qu'il ne me réponde rien conscient du fait que cette insulte me dessert auprès de ceux qui en auront été les témoins.

Il va sans dire mais… beaucoup mieux en le disant… sous le règne de cette dictature-là, dire la vérité c'est mentir. Le fascisme langagier d'aujourd'hui est une violence faite à l'altérité, à la contradiction, à la démocratie, à la dissidence... au "oui mais..."… auprès de millions d'individus sous la contrainte d'un discours qui les met dans une position telle qu'ils n'ont alors qu'une option : l'adhésion et la validation. Dans le cas contraire c'est l'exclusion, le licenciement, la relégation.

La dictature du fascisme langagier n'a donc rien en commun avec des chemises noires, des brassards, des bras levés, des matraques et un Dutche vociférant du haut d'une tribune même si, comme sous un régime fasciste, vous ne pouvez pas ne pas adhérer ni refuser de valider ce à quoi il vous est demandé de souscrire.

La dictature du fascisme langagier n'est pas non plus une sorte de fascisme soft. Il s'agit d'un fascisme d'un nouveau type : un fascisme qui ne sera jamais reconnu pour ce qu'il est et ce, bien qu'il soit omnipotent et omniprésent : en effet, on trouvera ce « fascisme langagier » dans les entreprises, dans les médias, les relations humaines, et jusque dans les chambres à coucher ; d'où son succès ; et rares sont ceux qui sont à même de le reconnaître pour ce qu'il est : du fascisme ; et ce pour deux raisons :

- Les uns connaissent toute la violence de la sanction de cette dictature et refusent de sacrifier disons… leur carrière ou ambitions, morts de trouille à l'idée de la relégation.

- Les autres refusent de l'identifier sous sa véritable identité de peur de devoir s'y opposer frontalement, se sachant inaptes à un tel affrontement.

Le fascisme langagier se distingue par sa sanction à l'endroit de quiconque refuse d'y souscrire. C'est la sanction qui donne à ce langage son caractère fasciste. Ce ne sont ni son vocabulaire - apriori anodin et on ne peut plus positif - ni sa syntaxe qui sont en cause.

Le fascisme langagier se reconnaît à la violence de sa sanction ; il est indissociable de sa sanction car il porte en lui la sanction suprême : le bannissement... d'une entreprise, des médias, d'une institution, d'un groupe, d'une communauté, et parfois même, de la propre famille de l'intéressé.

La bien-pensance aussi nuisible soit-elle, n'en est que sa version naïve, une version articulée par un individu dans la confusion, un individu manipulé à son insu, un individu dont la bonne foi ne saurait être, dans la grande majorité des cas, remise en cause.

Si les bien-pensants qui sont aussi et surtout les moins-pensants n'avaient pas existé, cette dictature les aurait inventés ; ce qu'elle n'a pas eu à faire puisque les bien-pensants sont inséparables de cette dictature ; et c'est parmi eux, en priorité, que cette dictature trouve son public, son audience et ses funs… relais enthousiastes jamais rassasiés.

Disons que le bien-pensant est l'idiot utile de la dictature du fascisme langagier qui n'est – rappelons-le une nouvelle fois -, que de la langue de bois paroxystique ; la bien-pensance est sa caution, son alibi (d'aucuns diront… son larbin) et sa complice par ignorance … ignorance des véritables enjeux car la langue de bois à son paroxysme c'est une stratégie avec toutes sortes d'implications ; d'où la violence, non pas de son discours, mais de sa sanction. Et plus les enjeux sont importants et plus violente est la sanction.

Aujourd'hui, tous ont intégré à des degrés divers le fait qu'un individu qui souhaite faire carrière où que ce soit, dans quoi que ce soit et à quelque niveau que ce soit, doit s'y soumettre ou du moins, faire en sorte de ne jamais se trouver en porte-à-faux avec ce qui s'avère être *in fine*… une stratégie de domination. Et plus l'individu est ambitieux et plus il s'y soumet avec un zèle qui n'a d'égal que son arrivisme. D'où le silence des uns, l'évitement des autres ou bien, le ralliement explicite à cette dictature qui jamais… ne s'affichera comme telle dans la conscience du plus grand nombre… cette bergerie tantôt bêlante tantôt silencieuse au plus fort de son angoisse, mais toujours agitée comme si elle pressentait le pire, toujours le pire… qui est à craindre... des centaines de millions, en grappes humaines... mais seuls car de plus en plus isolés.

Qu'il soit ici permis de rappeler que cette dictature a vu le jour il y a plus de dix ans ; c'était à la fin de l'été… et rares sont ceux qui auront pressenti que cet été-là annonçait un long hiver, car depuis, cette dictature n'a jamais faibli, et la vérité, la liberté et la justice… ne se sont jamais aussi mal portées.

Oui ! Le fascisme c'est maintenant ! Et ce fascisme-là ne doit rien à la France : il est mondial puisque toutes les politiques le sont.

Un fascisme ni droite ni gauche, vous disiez ?… ça tombe plutôt bien car… ce qu'on nous propose depuis trente ans à une échelle aussi bien locale qu'internationale n'est ni de droite ni de gauche ! Sans précédent… il se situe maintenant ailleurs… là où au royaume des aveugles les borgnes sont rois et les salauds des Empereurs !

3 – Cette profession se plaint d'être mal rémunérée mais… franchement, qui aurait l'idée de leur verser un salaire, un vrai, à tous ces porte-voix d'une information qui est le plus souvent une véritable insulte faite au réel : qui fait quoi, à qui, pourquoi, comment, où et pour le compte de qui !

Le jour où ces Messieurs-Dames évalueront leur propre travail pour ce qu'il est, pour ne rien dire du mépris dans lequel leurs patrons à tous les tiennent, soyez-en sûrs : il ne leur viendra même plus à l'idée soit d'exercer ce métier ou bien alors, de revendiquer quoi que ce soit à son sujet. Car enfin... a-t-on déjà vu des domestiques demander une augmentation ? Celle-ci est généralement laissée à l'entière discrétion du Maître car il est bon que des domestiques qui sont assez "domestiques" pour occuper un tel emploi n'aient droit à rien.

www.ingramcontent.com/pod-product-compliance
Lightning Source LLC
Chambersburg PA
CBHW070130290526

45789CB00005B/2192